PREFÁCIO

A busca pela felicidade é um dos objetivos mais fundamentais da humanidade. No entanto, muitas vezes nos encontramos lutando contra a negatividade, o estresse e a ansiedade em nosso cotidiano, tornando difícil alcançar esse objetivo.

Este livro foi criado para ajudá-lo a lidar com essas questões e mostrar como ignorar a negatividade pode ser uma poderosa ferramenta para alcançar a felicidade e o bem-estar. Ao longo deste livro, exploraremos várias estratégias para ignorar a negatividade em todas as suas formas, desde redes sociais e notícias até pensamentos negativos e autodúvida.

Cada capítulo se concentra em uma área específica de negatividade e apresenta soluções práticas para ajudá-lo a superá-la. Desde exercícios de mindfulness até a busca por um grupo de apoio offline, este livro oferece várias ferramentas para ajudá-lo a lidar com a negatividade e criar uma vida mais positiva e feliz.

Esperamos que este livro o ajude a encontrar maneiras de ignorar a negatividade em sua vida e viver com mais confiança, tranquilidade e felicidade.

CAPÍTULO 1 - A IGNORÂNCIA COMO ARTE

Ignorar pode parecer simples, mas há uma verdadeira arte em saber o que não ver, não ouvir e não dizer. Todos nós já tivemos que lidar com situações desagradáveis em nossas vidas, mas muitas vezes nos esquecemos de que a solução mais simples pode ser apenas ignorar a fonte do problema.

A ignorância não é um ato de falta de conhecimento ou burrice, mas sim uma escolha consciente de não se deixar afetar pelo que não tem importância ou não pode ser mudado. É como uma armadura invisível que nos protege do que pode nos machucar emocionalmente.

A maioria de nós já experimentou o desespero e o caos que podem surgir quando nos preocupamos com coisas que não podemos controlar. É uma luta constante, um esforço fútil que apenas nos esgota. É como tentar segurar a areia na mão aberta - quanto mais apertamos, mais escorrega entre os dedos.

No entanto, ao aprender a arte da ignorância, podemos nos libertar da ansiedade e do estresse que nos impedem de viver plenamente. Podemos escolher o que permitimos entrar em nossas vidas e o que deixamos de lado. Podemos escolher o que realmente importa.

No mundo de hoje, somos constantemente bombardeados por

informações, notícias, opiniões e julgamentos. Parece que não há como escapar. Mas a verdade é que podemos escolher o que consumimos e o que ignoramos. Podemos escolher quem ouvimos e quem bloqueamos. Podemos escolher em que acreditamos e o que descartamos.

A ignorância pode ser vista como uma forma de autodefesa emocional, uma forma de proteger a nossa saúde mental. Mas é importante lembrar que a ignorância não deve ser usada como uma desculpa para evitar responsabilidades ou tomar decisões importantes. É uma ferramenta que deve ser usada com sabedoria e discernimento.

Ao longo deste livro, vamos explorar as diferentes áreas de nossas vidas em que a ignorância pode ser aplicada como uma forma de autodefesa emocional. Vamos aprender como identificar o que é importante e o que não é, e como escolher o que permitimos entrar em nossas vidas. Vamos aprender como viver plenamente, enquanto protegemos nossa saúde mental e emocional.

Portanto, não tenha medo de ignorar o que não tem importância em sua vida. A ignorância pode ser a chave para a felicidade e para uma vida plena.

Após aprender os conceitos básicos da arte de ignorar, é hora de aprofundar um pouco mais e entender como colocá-los em prática. O primeiro passo é identificar o que precisa ser ignorado. Algumas pessoas se sentem atraídas pelo drama e pelas situações negativas, outras são perturbadas por comentários negativos ou críticas. Descubra o que é que te afeta e comece a praticar a arte de ignorar.

Mas não é tão simples quanto parece. Ignorar algo ou alguém não significa que devemos simplesmente esquecê-lo e seguir em frente. Muitas vezes, a arte de ignorar envolve o aprendizado de como lidar com as emoções e pensamentos que surgem ao nos depararmos com essas situações. É preciso aprender a gerenciar essas emoções e escolher conscientemente não deixá-las tomar conta de nós.

Outra dica importante é escolher as batalhas que valem a pena ser enfrentadas. Nem tudo merece nossa atenção e energia. Às vezes, ignorar é a melhor opção. Mas em outras ocasiões, é preciso tomar uma atitude. A chave é aprender a diferenciar quando é necessário agir e quando é melhor ignorar.

Outro aspecto importante da arte de ignorar é saber que não é uma solução para todos os problemas. Ignorar algo ou alguém pode ser uma ferramenta útil, mas nem sempre é a melhor opção. Por exemplo, ignorar um problema no relacionamento pode piorar a situação. Nesse caso, é preciso enfrentar o problema de frente e buscar uma solução.

A prática da arte de ignorar também envolve aprender a dizer não. Muitas vezes, dizemos sim a situações que não nos interessam ou não nos fazem bem. Aprender a dizer não de forma clara e assertiva pode ser libertador e uma forma de se livrar de situações que não contribuem para nossa felicidade.

Outra dica importante é evitar a comparação com os outros. Cada pessoa tem sua própria jornada e suas próprias escolhas. Comparar-se com os outros só leva à insatisfação e ao sentimento de inadequação. Em vez disso, concentre-se em sua própria vida e em suas próprias escolhas.

A arte de ignorar também envolve aprender a lidar com a rejeição. Às vezes, somos rejeitados por outras pessoas ou por situações que não saem conforme o planejado. Em vez de se sentir desanimado ou desencorajado, é importante entender que a rejeição faz parte da vida e que pode nos levar a novas oportunidades e caminhos.

Por fim, é preciso lembrar que a arte de ignorar não é uma solução mágica para todos os problemas. A vida é cheia de altos e baixos, e nem sempre podemos controlar tudo. Mas podemos controlar a forma como reagimos a essas situações. Aprender a arte de ignorar pode ser uma ferramenta útil para nos ajudar a lidar com as situações negativas e manter um olhar positivo em nossas vidas.

Muitas vezes, a ignorância pode ser vista como uma característica negativa, mas neste livro, vamos aprender a abraçá-la como uma arte. Ignorar as coisas certas pode nos ajudar a manter o foco no que é importante e a eliminar distrações desnecessárias.

A ideia de ignorar pode ser um pouco assustadora no começo, mas quando bem aplicada, pode nos trazer benefícios enormes. É importante lembrar que ignorar não significa negar a existência de algo, mas sim escolher não dedicar atenção e energia a isso.

Ignorar o que não contribui positivamente para nossa vida pode ajudar a manter nossa mente mais clara e focada. Quando temos uma mente clara e focada, podemos tomar decisões melhores e agir com mais eficiência.

A ignorância pode ser uma arma poderosa contra a negatividade. Quando aprendemos a ignorar as notícias ruins, as pessoas negativas e o pessimismo, podemos manter uma perspectiva mais positiva e otimista em relação à vida.

Ignorar os haters também pode ser libertador. Muitas vezes, as críticas de outras pessoas podem nos afetar profundamente, mas quando aprendemos a ignorá-las, podemos nos libertar do peso dos julgamentos alheios e seguir em frente com nossas próprias escolhas.

A procrastinação é outro inimigo comum da produtividade. Quando aprendemos a ignorar as distrações e nos concentrar no que realmente importa, podemos ser mais produtivos e realizar mais em menos tempo.

As opiniões alheias podem ser uma fonte constante de preocupação e ansiedade. Mas quando aprendemos a ignorá-las, podemos nos libertar do peso das expectativas dos outros e seguir em frente com nossas próprias escolhas.

As redes sociais também podem ser uma grande fonte de distração. Quando aprendemos a ignorar as notificações e o impulso constante de verificar nossas contas, podemos nos concentrar em nossas próprias vidas e objetivos.

O passado pode ser uma fonte de estresse e ansiedade, mas quando aprendemos a ignorá-lo e viver no presente, podemos experimentar uma sensação de liberdade e leveza.

As comparações com outras pessoas também podem ser uma fonte de estresse e ansiedade. Quando aprendemos a ignorar as comparações e focar em nossa própria jornada, podemos nos concentrar em nossos próprios objetivos e sonhos.

Por fim, quando aprendemos a ignorar as desculpas e assumir a responsabilidade por nossas próprias escolhas e ações, podemos ter mais controle sobre nossas vidas e alcançar nossos objetivos com mais facilidade.

Neste livro, vamos explorar todas essas ideias e aprender a arte de ignorar o que não contribui positivamente para nossas vidas. Quando aprendemos a ignorar com sabedoria, podemos nos libertar do peso das distrações e seguir em frente com nossas próprias escolhas, objetivos e sonhos.

CAPÍTULO 2- IGNORANDO O NEGATIVO

A vida pode ser cheia de altos e baixos. Às vezes, temos dias em que tudo parece dar errado. Mas e se eu disser que podemos ignorar todas as coisas negativas em nossas vidas e manter uma atitude positiva, independentemente da situação? Neste capítulo, vamos explorar como ignorar o negativo e manter uma mentalidade positiva.

O primeiro passo para ignorar o negativo é reconhecer que ele existe. Muitas pessoas tentam ignorar as coisas ruins em suas vidas simplesmente fingindo que não existem. Isso não funciona. É importante reconhecer que há negatividade em nossas vidas e que precisamos encontrar maneiras de lidar com isso.

Uma das maneiras mais eficazes de ignorar o negativo é mudar a forma como pensamos. Quando as coisas não estão indo bem, é fácil se sentir derrotado e desanimado. Mas, em vez disso, tente pensar em soluções e maneiras de melhorar a situação. Quando mudamos nossa perspectiva, podemos transformar uma situação negativa em algo positivo.

Outra maneira de ignorar o negativo é se cercar de pessoas positivas. Se você passa tempo com pessoas negativas, é provável que fique preso em um ciclo de pensamentos negativos. Em vez disso, tente encontrar amigos e familiares que apoiem e incentivem você. Eles podem ajudar a levantar seu ânimo quando você estiver se sentindo para baixo.

A meditação é outra técnica que pode ajudar a ignorar o negativo. Ao meditar, podemos nos concentrar em nossa respiração e deixar de lado todos os pensamentos e preocupações negativas. A meditação também ajuda a diminuir o estresse e a ansiedade, permitindo que você se concentre no momento presente.

O exercício físico é uma ótima maneira de reduzir o estresse e aumentar a positividade. Quando você se exercita, seu corpo libera endorfina, o que pode ajudar a melhorar seu humor. O exercício também ajuda a aumentar sua autoestima e confiança, o que pode ajudá-lo a lidar melhor com a negatividade em sua vida.

Outra maneira de ignorar o negativo é manter um diário. Escrever sobre suas preocupações pode ajudar a tirá-las de sua cabeça e colocá-las no papel. Isso pode ajudar a liberar a tensão e a preocupação, permitindo que você se concentre em coisas mais positivas.

Além disso, é importante ter objetivos e metas em mente. Quando temos um propósito, podemos nos concentrar em alcançá-lo, em vez de nos preocupar com as coisas negativas em nossas vidas. Defina metas realistas para si mesmo e trabalhe para alcançá-las. Isso pode ajudar a aumentar sua autoestima e a impulsioná-lo para a frente, mesmo quando as coisas não estão indo bem.

Por fim, é importante lembrar que a negatividade é parte da vida. Todos passamos por momentos difíceis, mas é importante não deixar que isso nos defina. Em vez disso, tente se concentrar nas coisas positivas em sua vida e trabalhe para superar os desafios que surgirem.

CAPÍTULO 3- IGNORANDO OS HATERS

Neste capítulo, vamos discutir como lidar com as críticas e a negatividade dos "haters", aquelas pessoas que, por qualquer razão, parecem estar sempre criticando ou desmerecendo você e suas escolhas. Embora possa ser difícil, é importante aprender a ignorar essas críticas e seguir em frente sem se deixar afetar.

A primeira coisa a entender é que a negatividade dos haters geralmente não tem nada a ver com você. Muitas vezes, eles estão lidando com seus próprios problemas ou inseguranças e acabam projetando suas frustrações em outras pessoas. Portanto, não leve essas críticas para o lado pessoal e não deixe que elas afetem sua autoestima.

Outra estratégia eficaz para lidar com os haters é evitar confrontos diretos ou alimentar suas críticas. Muitas vezes, eles estão procurando por atenção ou uma reação, então, se você ignorá-los, eles provavelmente vão se cansar e perder o interesse. Além disso, não caia na armadilha de tentar argumentar ou justificar suas escolhas para eles. Isso só dá mais poder a eles e pode acabar gerando mais estresse e frustração para você.

Uma maneira de ignorar os haters é se cercar de pessoas positivas e solidárias. Ter uma rede de amigos e familiares que apoiam suas escolhas e objetivos pode ajudá-lo a manter-se motivado e confiante, mesmo quando os haters estão tentando minar sua autoconfiança.

Também é importante lembrar que, em alguns casos, as críticas dos haters podem conter alguma verdade. Nesses casos, pode ser útil ouvir e avaliar a crítica com objetividade, mesmo que ela venha de alguém que você não gosta. Se houver algo de valor na crítica, você pode usá-la para melhorar e crescer. Mas sempre avalie as críticas de forma crítica e objetiva, sem deixar que elas afetem sua autoestima ou sua autoconfiança.

Finalmente, lembre-se de que é impossível agradar a todos o tempo todo. Sempre haverá pessoas que discordam ou não gostam de suas escolhas. Mas isso não significa que você deve mudar quem você é ou o que você quer para agradar a todos. Em vez disso, siga seu próprio caminho e não se deixe desviar pelas críticas dos haters.

CAPÍTULO 4- IGNORANDO A PROCRASTINAÇÃO

A procrastinação é um problema comum que afeta muitas pessoas, impedindo-as de alcançar seus objetivos e cumprir suas responsabilidades. Quando procrastinamos, acabamos desperdiçando nosso tempo e energia em atividades menos importantes, abandonando aquilo que realmente importa. Neste capítulo, vamos explorar como a arte de ignorar pode ajudar a combater a procrastinação e a aumentar a produtividade.

A primeira estratégia para ignorar a procrastinação é identificar as distrações. Quando estamos procrastinando, geralmente estamos distraídos por outras coisas em nossa vida, como o celular, as redes sociais ou a televisão. Ao reconhecer essas distrações, podemos ignorá-las e nos concentrar no que realmente importa. Uma técnica útil é criar um ambiente de trabalho livre de distrações, desativando notificações em dispositivos eletrônicos, mantendo o ambiente de trabalho organizado e evitando atividades desnecessárias.

Outra maneira de ignorar a procrastinação é estabelecer metas realistas e alcançáveis. Quando as tarefas parecem muito grandes ou complexas, podemos facilmente nos sentir sobrecarregados e desistir antes mesmo de começar. Em vez disso, é importante dividir as tarefas em pequenas partes e estabelecer metas alcançáveis. Dessa forma, as tarefas parecerão menos intimidadoras e mais fáceis de realizar.

Além disso, é importante lembrar que a procrastinação muitas vezes vem do medo do fracasso. Quando temos medo de não cumprir as tarefas, podemos procrastinar para evitar a sensação de fracasso. Nesse caso, é importante lembrar que o fracasso faz parte do processo de aprendizagem e que todos nós falhamos às vezes. Aprenda a encarar o fracasso como uma oportunidade para aprender e crescer, em vez de um sinal de incompetência.

Outra estratégia eficaz para ignorar a procrastinação é criar uma rotina diária. Quando temos uma rotina estabelecida, nos acostumamos a fazer as coisas de uma certa maneira e isso pode tornar as tarefas menos intimidadoras. Uma rotina bem estruturada pode ajudar a estabelecer hábitos produtivos, facilitando o cumprimento de tarefas.

Por fim, é importante lembrar que a procrastinação muitas vezes vem da falta de motivação. Quando não estamos motivados, é difícil encontrar a energia e a disposição para cumprir as tarefas. Nesse caso, pode ser útil encontrar maneiras de se motivar, como estabelecer recompensas para si mesmo após o cumprimento das tarefas, ou encontrar maneiras de tornar as tarefas mais agradáveis.

Em resumo, a procrastinação pode ser um problema sério que afeta muitas pessoas. No entanto, a arte de ignorar pode ajudar a combater a procrastinação, eliminando distrações, estabelecendo metas realistas, aprendendo a lidar com o medo do fracasso, criando uma rotina diária e encontrando maneiras de se motivar. Com essas estratégias em mente, você pode superar a procrastinação e aumentar

CAPÍTULO 5- IGNORANDO AS OPINIÕES ALHEIAS

As opiniões dos outros podem ser uma grande fonte de estresse e ansiedade para muitas pessoas. Quando estamos tentando tomar decisões importantes em nossas vidas, muitas vezes buscamos a opinião de amigos, familiares e até mesmo estranhos na internet. Embora possa ser útil ouvir diferentes perspectivas, é importante lembrar que as opiniões dos outros não devem governar nossas vidas.

Uma das primeiras coisas a se fazer para ignorar as opiniões alheias é reconhecer que as opiniões são apenas isso - opiniões. Cada pessoa tem sua própria perspectiva e experiência de vida, o que significa que o que funciona para uma pessoa pode não funcionar para outra. Lembre-se de que você é a pessoa que conhece melhor suas próprias necessidades e desejos.

Além disso, é importante considerar de onde vêm as opiniões das outras pessoas. Às vezes, as pessoas podem tentar impor suas próprias expectativas ou inseguranças em você, mesmo que não seja intencional. Por exemplo, um amigo pode estar tentando convencê-lo a fazer algo porque acredita que é o que você deveria fazer, mas na realidade, eles estão projetando suas próprias expectativas em você.

Outra coisa a considerar é a natureza da relação que você tem com a pessoa que está dando sua opinião. É importante dar mais peso às opiniões das pessoas que você respeita e admira, como um mentor ou um professor. Por outro lado, as opiniões de estranhos ou conhecidos que não têm um histórico de relacionamento forte com você podem ser menos importantes.

Uma vez que você tenha avaliado a opinião dos outros, é hora de tomar uma decisão e seguir em frente com confiança. Lembre-se de que é impossível agradar a todos, então é importante priorizar o que é importante para você. Se você está confiante em sua decisão, não deixe que as opiniões dos outros o façam questionar suas escolhas.

Uma estratégia eficaz para ignorar as opiniões alheias é praticar a comunicação clara e assertiva. Se alguém está tentando impor sua opinião em você, tente explicar gentilmente que você aprecia a perspectiva deles, mas que você já tomou sua decisão. Certifique-se de que eles entendam que você valoriza o relacionamento de vocês, mas que essa é uma decisão importante que você precisa tomar por si mesmo.

Em resumo, as opiniões dos outros não devem governar nossas vidas. É importante lembrar que você é a pessoa que conhece melhor suas próprias necessidades e desejos. Ao considerar as opiniões dos outros, avalie a perspectiva da pessoa, a natureza de seu relacionamento e se suas expectativas estão sendo projetadas em você. Seja assertivo e confiante em suas decisões e não deixe que as opiniões alheias o façam questionar suas escolhas.

CAPÍTULO 6- IGNORANDO AS REDES SOCIAIS

As redes sociais se tornaram uma parte integral de nossas vidas, permitindo-nos conectar com amigos, familiares e até mesmo desconhecidos em todo o mundo. No entanto, muitas vezes nos tornamos tão viciados nas redes sociais que elas começam a prejudicar nossa produtividade e saúde mental. Neste capítulo, vamos explorar como ignorar as redes sociais pode ser benéfico para sua vida.

1. Identifique o problema: Antes de poder ignorar as redes sociais, é importante identificar quanto tempo você está gastando nelas. Faça uma lista de todas as redes sociais que você usa regularmente e quanto tempo gasta nelas diariamente. Isso ajudará a entender o quanto essas plataformas estão afetando sua vida.

2. Estabeleça limites: Depois de entender o quanto você usa as redes sociais, é hora de estabelecer limites. Decida quanto tempo você deseja gastar nelas diariamente e, em seguida, defina um alarme para se lembrar de parar. Isso ajudará a garantir que você não gaste mais tempo do que deseja nessas plataformas.

3. Desative notificações: As notificações constantes podem ser uma grande distração. Desative as notificações de suas redes sociais para evitar distrações desnecessárias.

Você pode verificar as plataformas quando tiver tempo livre em vez de ficar constantemente verificando cada notificação que chega.

4. Encontre outras atividades: Em vez de gastar seu tempo livre nas redes sociais, encontre outras atividades que possam ser mais benéficas para sua vida. Por exemplo, leia um livro, faça uma caminhada ou aprenda algo novo. Isso pode ajudar a melhorar sua saúde mental e aumentar sua produtividade.

5. Use o modo avião: Se você precisa se concentrar em uma tarefa específica, use o modo avião em seu celular para evitar distrações. Isso ajudará a garantir que você se concentre apenas no que é importante e evitará que as redes sociais sejam uma distração.

6. Encontre um hobby offline: Em vez de gastar todo o seu tempo livre nas redes sociais, encontre um hobby offline que possa ser uma distração saudável. Isso pode ser qualquer coisa, desde cozinhar até pintar. Encontrar um hobby pode ajudar a melhorar sua saúde mental e reduzir a quantidade de tempo que você gasta nas redes sociais.

7. Pratique o desapego: Se você está usando as redes sociais para se comparar com outras pessoas, pode ser hora de praticar o desapego. Lembre-se de que as pessoas geralmente compartilham apenas o lado bom de suas vidas nas redes sociais e que a realidade pode ser muito diferente. Praticar o desapego pode ajudar a melhorar sua autoestima e reduzir a necessidade de verificar constantemente suas redes sociais.

8. Encontre um grupo de apoio offline: Se você está lutando para ignorar as redes sociais, pode ser útil encontrar um grupo de apoio offline. Isso pode ser qualquer coisa, desde um grupo de leitura até um grupo de exercícios. Ter um grupo de apoio pode ajudá-lo a se

concentrar em outras atividades e reduzir a quantidade de tempo que você gasta nas redes sociais. Além disso, encontrar pessoas que compartilham seus interesses pode ser uma ótima maneira de se conectar e construir relacionamentos saudáveis.

Uma opção para encontrar um grupo de apoio offline é pesquisar na sua comunidade local por grupos que se reúnem para praticar atividades que você goste. Pode ser um grupo de corrida, ioga, dança, pintura ou qualquer outra coisa. Verifique os anúncios nas bibliotecas locais, parques, academias e centros comunitários para encontrar informações sobre grupos de interesse.

Outra opção é participar de eventos da comunidade, como festivais ou feiras. Esses eventos são ótimas oportunidades para conhecer novas pessoas e descobrir novas atividades que podem lhe interessar.

Se você está lutando com problemas específicos relacionados às redes sociais, como vício em redes sociais ou bullying online, pode ser útil procurar grupos de apoio específicos para essas questões. Existem muitos grupos de apoio online e offline que oferecem ajuda e suporte para essas questões.

Além disso, considerar a terapia pode ser uma ótima maneira de trabalhar em questões relacionadas às redes sociais. Um terapeuta pode ajudá-lo a desenvolver estratégias para lidar com a negatividade online, como vício em redes sociais, bullying online ou problemas de autoestima. Eles também podem ajudá-lo a entender por que você pode ser atraído pelas redes sociais em primeiro lugar e fornecer orientação e suporte para lidar com essas questões.

Em resumo, encontrar um grupo de apoio offline pode ser uma ótima maneira de se concentrar em outras atividades e reduzir a quantidade de tempo que você gasta nas redes sociais. Além disso, se você estiver lutando com problemas específicos relacionados às redes sociais, como vício em redes sociais ou bullying online, existem muitos grupos de apoio específicos que oferecem ajuda e suporte. Considere também a terapia como uma forma de trabalhar em questões relacionadas às redes sociais e obter orientação e suporte adicional.

CAPÍTULO 7- IGNORANDO O PASSADO

O passado pode ser uma fonte de estresse e ansiedade, especialmente se você tem arrependimentos, traumas ou eventos dolorosos que não consegue superar. O problema é que, muitas vezes, as preocupações com o passado podem impedir que você viva plenamente no presente e prejudicar seu futuro.

Neste capítulo, vamos explorar algumas técnicas e estratégias para ajudá-lo a ignorar o passado e se concentrar no presente e no futuro.

1. Aceite o que aconteceu

Aceitar o passado é o primeiro passo para ignorá-lo. Embora possa ser difícil, é importante entender que o passado não pode ser mudado. Em vez de se culpar ou culpar os outros, aceite o que aconteceu e concentre-se em como você pode crescer com isso.

2. Aprenda com seus erros

Em vez de se arrepender dos erros que cometeu, tente aprender com eles. Reflita sobre o que deu errado e o que você poderia ter feito de diferente. Use essas experiências como uma oportunidade para crescer e se tornar uma pessoa melhor.

3. Reconheça as coisas positivas

É fácil se concentrar nas coisas negativas do passado, mas é importante lembrar as coisas positivas também. Reflita sobre as coisas boas que aconteceram no passado e use essas memórias como uma fonte de felicidade e motivação para o futuro.

4. Pratique a atenção plena

A atenção plena é uma técnica que pode ajudá-lo a se concentrar no presente e ignorar o passado. A prática da atenção plena envolve prestar atenção aos pensamentos e sentimentos presentes sem julgá-los. Isso pode ajudá-lo a se concentrar agora em vez de se preocupar com o passado.

5. Estabeleça metas para o futuro

Estabelecer metas para o futuro é uma maneira de se concentrar no presente e no futuro. Ao estabelecer metas, você está criando um caminho para o futuro, em vez de ficar preso no passado. Concentre-se em coisas que você deseja alcançar no futuro e trabalhe em direção a elas.

6. Considere a terapia

Se você está lutando para ignorar o passado, pode ser útil buscar a ajuda de um terapeuta. A terapia pode ajudá-lo a lidar com eventos passados e a desenvolver estratégias para ignorá-los e se concentrar no presente e no futuro.

Ignorar o passado pode ser difícil, mas é importante se concentrar no presente e no futuro. Aceitar o que aconteceu, aprender com seus erros, reconhecer as coisas positivas, praticar a atenção plena, estabelecer metas para o futuro e considerar a terapia são estratégias que podem ajudá-lo a se libertar do passado e viver uma vida plena e feliz. Lembre-se de que o passado não pode ser mudado, mas você pode mudar a maneira como lida com ele e como isso afeta seu futuro

CAPÍTULO 8- IGNORANDO AS COMPARAÇÕES

A sociedade em que vivemos muitas vezes nos leva a comparar nossas vidas com as dos outros. Seja nas redes sociais, no trabalho ou na vida pessoal, é fácil cair na armadilha das comparações e se sentir inadequado em relação aos outros. Isso pode ser uma fonte de estresse e ansiedade, mas não precisa ser assim. Neste capítulo, vamos ensinar como ignorar as comparações e focar em sua própria jornada.

1. Reconheça o dano que as comparações podem causar

Comparar-se com os outros pode ser muito prejudicial para a sua saúde mental e emocional. Pode levar a sentimentos de inveja, baixa autoestima e falta de confiança. Reconhecer que as comparações podem ser prejudiciais é o primeiro passo para parar de fazê-las.

2. Entenda que cada pessoa tem sua própria jornada

Cada pessoa tem sua própria jornada e sua própria maneira de lidar com as coisas. O que funciona para uma pessoa pode não funcionar para outra. Entender que cada pessoa tem sua própria jornada pode ajudá-lo a parar de comparar-se com os outros e a se concentrar em sua própria vida.

3. Defina suas próprias metas e objetivos

Em vez de se comparar com os outros, concentre-se em suas

próprias metas e objetivos. Defina o que você quer alcançar na vida e trabalhe para alcançá-los. Concentre-se em sua própria jornada e não na dos outros.

4. Pratique a gratidão

Praticar a gratidão pode ajudá-lo a se concentrar nas coisas positivas em sua vida em vez de se concentrar nas coisas que você não tem. Faça uma lista diária das coisas pelas quais é grato e concentre-se nelas.

5. Evite redes sociais e mídia social

As redes sociais e a mídia social podem ser uma fonte de comparação constante. Evite passar muito tempo nas redes sociais e considere limitar seu tempo em aplicativos de mídia social. Em vez disso, encontre outras maneiras de se distrair e se divertir.

6. Encontre um mentor

Encontrar um mentor pode ajudá-lo a se concentrar em sua própria jornada e a aprender com alguém que já percorreu o caminho que você está percorrendo. Um mentor pode ajudá-lo a se concentrar em suas próprias metas e objetivos e a trabalhar para alcançá-las.

7. Seja gentil consigo mesmo

Por fim, é importante lembrar que você é único e valioso em sua própria maneira. Não se compare com os outros e seja gentil consigo mesmo. Concentre-se em sua própria jornada e trabalhe para alcançar suas próprias metas e objetivos. A vida não é uma competição e cada um tem seu próprio caminho a seguir.

CAPÍTULO 9- IGNORANDO AS EXPECTATIVAS

As expectativas dos outros podem exercer uma grande pressão em nossas vidas, causando estresse e ansiedade. Muitas vezes, sentimos a necessidade de cumprir as expectativas de nossos pais, amigos, parceiros ou sociedade em geral. No entanto, seguir as expectativas dos outros pode nos impedir de alcançar nossos próprios objetivos e causar insatisfação e infelicidade.

A primeira etapa para ignorar as expectativas é entender a diferença entre expectativas e objetivos. As expectativas são as suposições que as pessoas têm sobre o que você deve fazer, como deve se comportar e o que deve realizar. Por outro lado, os objetivos são as coisas que você deseja alcançar por si mesmo. É importante identificar a diferença entre as expectativas dos outros e seus próprios objetivos, para que você possa se concentrar em suas próprias realizações.

Em segundo lugar, é importante reconhecer que você tem o direito de definir suas próprias prioridades e objetivos. Você não deve sentir que precisa cumprir as expectativas dos outros se elas não se alinham com suas próprias metas e desejos. Você tem o direito de escolher suas próprias ambições e não deve sentir que precisa agradar a todos ao seu redor.

Em terceiro lugar, é importante se comunicar com as pessoas ao seu redor sobre suas próprias expectativas e limitações. É essencial ter uma comunicação clara e honesta sobre o que você espera de si mesmo e o que pode ou não realizar. Isso ajudará a reduzir a pressão que você pode sentir para cumprir as expectativas dos outros.

Além disso, é importante lembrar que as expectativas dos outros podem ser influenciadas por suas próprias experiências e crenças. As pessoas podem ter expectativas diferentes porque têm experiências de vida diferentes ou valores culturais distintos. Reconhecer que as expectativas dos outros podem ser influenciadas por fatores externos pode ajudá-lo a se sentir menos pressionado por elas.

Por fim, é importante lembrar que você é o único responsável por sua própria vida e felicidade. Você deve ter o poder de escolher suas próprias prioridades e objetivos, independentemente das expectativas dos outros. É importante concentrar-se em suas próprias realizações e estar ciente de que seguir as expectativas dos outros nem sempre levará à felicidade e satisfação pessoal.

Em resumo, ignorar as expectativas dos outros pode ser uma etapa importante para alcançar a felicidade e satisfação pessoal. Identificar a diferença entre expectativas e objetivos, reconhecer o direito de definir suas próprias prioridades e se comunicar com as pessoas ao seu redor sobre suas próprias expectativas e limitações são etapas importantes para ignorar as expectativas dos outros. Lembre-se de que você é o único responsável por sua própria vida e felicidade e concentre-se em suas próprias realizações.

CAPÍTULO 10- IGNORANDO A AUTODÚVIDA

A autodúvida pode ser um grande obstáculo para muitas pessoas. Pode impedir que você tente coisas novas, alcance seus objetivos e até mesmo que você acredite em si mesmo. Mas a boa notícia é que existem maneiras de superar a autodúvida e se concentrar em suas habilidades e forças pessoais.

Uma das primeiras coisas que você pode fazer para ignorar a autodúvida é reconhecer que todos têm inseguranças. Você não está sozinho nisso. É natural sentir-se incerto ou inseguro em relação a si mesmo ou às suas habilidades em determinados momentos. Mas lembre-se de que suas inseguranças não definem quem você é. Elas são apenas parte da sua jornada.

Outra estratégia é identificar seus pontos fortes e usá-los para aumentar sua confiança. Todos têm habilidades e qualidades que os tornam únicos e valiosos. Em vez de se concentrar nas coisas que você não pode fazer, concentre-se nas coisas que você pode fazer bem. Identifique suas habilidades e trabalhe para aprimorá-las ainda mais.

Também é importante lembrar que o fracasso faz parte do processo de aprendizagem. Todos nós falhamos em alguma coisa em algum momento, mas isso não significa que você seja um fracasso. Aprenda com seus erros e use essa experiência para crescer e se desenvolver ainda mais. Lembre-se de que cada falha é uma oportunidade de aprendizado.

Outra estratégia para ignorar a autodúvida é cercar-se de pessoas positivas e solidárias. Amigos, familiares ou colegas de trabalho que o encorajam e apoiam podem ajudá-lo a se sentir mais confiante e a acreditar em si mesmo. Por outro lado, evitar pessoas negativas que o desencorajam e criticam pode ajudá-lo a evitar sentimentos de inadequação.

Finalmente, pratique a autocompaixão. Trate-se com gentileza e compreensão, como faria com um amigo que está passando por um momento difícil. Lembre-se de que todos têm dias bons e ruins, e é importante se dar um tempo e cuidar de si mesmo quando necessário.

Em resumo, ignorar a autodúvida pode ser um processo desafiador, mas é possível. Reconheça que todos têm inseguranças, identifique seus pontos fortes, aprenda com seus erros, cerque-se de pessoas positivas e pratique a autocompaixão. Com o tempo e a prática, você pode aprender a ignorar a autodúvida e acreditar em si mesmo

CONCLUSÃO

Ao longo deste guia, discutimos a importância de ignorar as coisas que não contribuem para nossa felicidade e bem-estar, incluindo a negatividade, redes sociais, o passado, comparações, expectativas e autodúvida. Aprender a ignorar essas coisas pode ser um processo difícil, mas é essencial para alcançar a paz interior e viver uma vida plena e satisfatória.

Algumas das estratégias que discutimos incluem a prática da meditação, a busca por terapias, a busca por hobbies e atividades que nos tragam alegria e satisfação, encontrar grupos de apoio offline e a aprendizagem da aceitação e do perdão.

Lembre-se de que ignorar essas coisas não significa ignorar nossos problemas ou fugir de nossas responsabilidades. Em vez disso, é sobre aprender a gerenciar esses desafios de maneira saudável e produtiva. Ao fazer isso, podemos viver com mais confiança, alegria e propósito.

Em resumo, ao ignorar as coisas que não contribuem para nossa felicidade, podemos nos concentrar no presente e em nossas próprias necessidades e objetivos. Esperamos que as estratégias e técnicas discutidas neste guia possam ajudá-lo a encontrar a paz interior e a alcançar seus sonhos e aspirações.

9 7 9 8 3 7 9 0 9 3 7 9 2